Lamoussa Christine BAGBIEGUE

« QUI PEUT TROUVER UNE FEMME VERTUEUSE? » (PROV. 31.10)

Lamoussa Christine BAGBIEGUE

« QUI PEUT TROUVER UNE FEMME VERTUEUSE? » (PROV. 31.10)

MON TEMOIGNAGE ET LES HEROS DE LA FOI

Éditions Croix du Salut

Imprint
Any brand names and product names mentioned in this book are subject to trademark, brand or patent protection and are trademarks or registered trademarks of their respective holders. The use of brand names, product names, common names, trade names, product descriptions etc. even without a particular marking in this work is in no way to be construed to mean that such names may be regarded as unrestricted in respect of trademark and brand protection legislation and could thus be used by anyone.

Cover image: www.ingimage.com

Publisher:
Éditions Croix du Salut
is a trademark of
Dodo Books Indian Ocean Ltd. and OmniScriptum S.R.L publishing group

120 High Road, East Finchley, London, N2 9ED, United Kingdom
Str. Armeneasca 28/1, office 1, Chisinau MD-2012, Republic of Moldova, Europe
Printed at: see last page
ISBN: 978-620-3-84565-5

« QUI PEUT TROUVER UNE FEMME VERTUEUSE ? ELLE A BIEN PLUS DE VALEUR QUE LES PERLES » (PROV. 31.10)

SUIVI DE

MON TEMOIGNAGE ET LES HEROS DE LA FOI (REPRENDS LE GOÛT DE LA VIE CAR C'EST ENCORE POSSIBLE)

DEDICACE

A toutes mes filles, mes belles-filles et petites filles.

REMERCIEMENTS

Toute ma reconnaissance :

A notre Seigneur Jésus-Christ ; au bureau exécutif de l'église des Assemblées de Dieu : au révérend pasteur DJAKOUTI Mitré ; aux révérends pasteurs ANANI Kodjovi Gaston, ADADE Ayi, SARAM Ankou, DOSSOU KOFFI Akoueté, DJALLA Banako et HANANI Natani.

Au bureau national du ministère des femmes de l'église des Assemblées de Dieu, notamment à Mme ANANI KODJOVI Ayaba E., Mme AVEGNON Bertine, Mme AZAKPO Jeanne, Mme WILSON Jacqueline, Mme KOUMAI Martine, Mme ATTISSO Charlotte.

Aux révérends pasteurs : FLINDJA Douti Lalbili, EGBEKOU Y. Emmanuel et KASSA Zacharie.

Aux épouses des pasteurs de la FATAD : Mme FLINDJA Rebecca, Mme EGBEKU et à Mme KASSA.

Au comité des femmes de la FATAD : Mme Dogo, Mme Tchalare, Mme Micheline, Mme

Dacaï, Mme Latifa et Mme Justine ; à Mme Pasteur SAMBIANI du Bénin.

Aux pasteurs : LAGBEMA Patékéda Pierre, OSSEYI, AKATO, AMETANA, HEMOU, ANATE, BOULARI, KOUDJO.

A mon époux M. BAGBIEGUE Taïrou ; à mes enfants Sahadatou, Nouroudine, Yasmine et Hadiyou ; à mes belles-filles Ladi, Assita ; à mes petits-enfants Kéren, Illias et Saliya.

A l'ancien de la famille GAMBAGA-LAGBEMA, M. GAMBAGA Mériga ; à ma maman BANKOTI Yendouban ; à ma belle-sœur SAKPANI Awa ; à mes cousines et cousins LAGBEMA : Élise, Jeannette, Jonathan, Deborah, Sakora.

Au diacre BOUDJOU et à son épouse ; aux frères et sœurs TENGADE : Sidibé, Jonas, Simon et Jeannette ; au frère et sœur PASGO : Élisée et Eunice et à Mme KOUTOUWAGUE Anne.

A Mme et M. KANTCHOA Laré.

A toutes et à tous ceux qui par leurs conseils ont permis la réalisation de cet ouvrage.

Que toute la gloire revienne à Dieu le Père et à Jésus-Christ notre Seigneur.

INTRODUCTION

Ce livre sur la femme vertueuse est un apport pour l'édification du corps de Christ en particulier aux femmes. Il rappelle aux femmes le rôle et les devoirs que le Seigneur leur a confiés.

« Qui peut trouver une femme vertueuse ? Elle a bien plus de valeur que les perles » (Prov. 31.10). Telle est la description d'une femme vertueuse dans la Bible. La femme vertueuse est une femme qui a de multiples qualités. Elle agit dans tous les domaines de la vie. Elle contribue à la prospérité de son foyer et de la société. C'est une créature merveilleuse de Dieu. Une aide complémentaire pour son mari. C'est une femme qui a choisi de concentrer sa vie autour de la crainte de l'Eternel.

Le présent livre comporte deux (02) principales parties. La première partie parle de la femme vertueuse. Ce premier sujet est subdivisé en plusieurs points. Dans le premier point le document nous parle des devoirs de la femme vertueuse dans le domaine conjugal. Ensuite dans le deuxième point, des devoirs de la femme vertueuse envers les seins. Dans le troisième point, le document fait mention des devoirs spirituels de la femme vertueuse. Le quatrième point, parle des devoirs citoyens de la femme vertueuse. Le cinquième point cite les femmes vertueuses de la Bible. Enfin, une conclusion vient marquer la fin de cette partie.

La deuxième partie aborde mon témoignage et la vie des héros de la foi qui ont repris goût à la vie après avoir traversés plusieurs épreuves dans leur marche avec Dieu.

A. DEVOIRS DE LA FEMME VERTUEUSE (Ep. 5:22 ; 24)

La femme vertueuse n'est pas celle qui passe son temps à entretenir sa beauté physique mais c'est une femme qui a compris qu'elle a des devoirs envers les siens. Dans ce premier point nous allons parler des différents devoirs d'une femme vertueuse.

I. Devoirs conjugaux

La femme vertueuse est une femme qui a compris qu'elle est une aide complémentaire et non une concurrente de son mari. C'est une femme qui :

- est soumise à son mari ;
- garde les secrets de son mari : elle ne parle pas beaucoup, elle sait garder ses secrets et ceux de son mari ;

- connait ses devoirs d'épouses : fait la chambre, le lit conjugal et satisfait son conjoint ;
- se fait belle pour son mari et peut lui faire parfois des surprises, comme par exemple :

  - invite son conjoint à manger une glace ;
  - invite son conjoint à faire un peu le tour de la ville ou une sortie main dans la main.

II. Devoirs affectifs et devoirs domestiques

La femme vertueuse est une femme qui sait qu'elle n'est pas l'esclave ni la domestique de son mari mais une aide complémentaire. C'est une femme qui :

- aime son mari ;
- tenir son foyer ;
- cuisine pour son mari ;
- communique avec son mari ;
- est attentive aux problèmes de son mari ;

- est pleine de confiance en son mari ;
- supporte les caprices de son mari ;
- donne la paix à son mari.

III. Devoirs spirituels et devoirs moraux

La femme vertueuse est une femme qui sait qu'elle est le pilier spirituel dans son foyer. C'est une femme qui :
- soutient son mari sur le plan spirituel ;
- prie pour rechercher le bien de son mari ;
- qualifie l'effort de son mari et qui ne doute pas de l'amour de son mari ;
- parle de son mari en bien à ses camarades ;
- défend la cause de son mari ;
- est très simple avec son mari ;
- ne vole pas, qui ne trompe pas son mari ;
- est honnête envers son mari.

IV. Devoirs matériels et devoirs financiers

La femme vertueuse est une femme qui fait des efforts dans la gestion des biens du foyer. C'est une femme qui :

- soutient son mari sur le plan matériel et financier ;
- aide son conjoint dans la gestion des biens matériels.

B. DEVOIRS ENVERS LES SIENS (Rt 2 :2 ; Rt 1 :16)

La femme vertueuse est une maman, une fille et une belle-fille femme qui marche avec Christ. Qui a pour priorité également le bien des siens.

I. Devoirs maternels

La femme vertueuse est une mère qui :

- joue bien son rôle de mère : protège et cuisine pour ses enfants ;
- aime ses enfants ;
- prie, intercède pour la réussite de ses enfants ;
- est attentive aux problèmes de ses enfants ;
- est pleine de confiance en ses enfants ;
- communique avec ses enfants ;
- supporte les caprices de ses enfants ;
- est honnête envers ses enfants ;
- est très simple avec ses enfants.

II. Devoirs envers sa famille et sa belle-famille

La femme vertueuse est une bénédiction pour sa famille et sa belle-famille. C'est une fille et une fille-belle qui :
- sait ce que veut sa famille ;
- obéissante à sa belle-famille ;

- prie, intercède pour sa famille et sa belle-famille ;

- est attentive aux problèmes de sa famille, de sa belle-famille ;

- cherche le bien de sa famille et de sa belle-famille ;

- aime très bien sa belle-famille.

C. DEVOIRS SPIRITUELS (EST. 4:16 ; J. 4:23-24 ; MT. 11:28 ; MAT. 10 : 40-42)

La femme vertueuse est une fille du Seigneur et une femme qui craint le Seigneur par-dessus tout. Qui s'inspire de la sagesse de Dieu.

I. Devoirs envers Dieu

La femme vertueuse est une femme qui :

- craint Dieu, qui est soumise et obéissante au Seigneur ;

- est mûre dans le Seigneur, qui est remplie du Saint Esprit ;
- adore Dieu en esprit et en vérité ;
- aime la prière, qui jeûne et qui cherche constamment la face du Seigneur, c'est une sentinelle (qui se tient à la brèche chaque jour) et son absence se faire sentir ;
- est pleine de confiance en son Dieu, qui ne doute pas de l'amour de son Dieu ;
- a la foi en Dieu, qui sait compter sur Dieu.

II. Devoirs dans l'église

La femme vertueuse est une fidèle et une femme qui :
- intercède pour son assemblée et pour l'Eglise Universelle ;

- s'implique avec les autres dans le travail de Dieu et qui aime partager la parole de Dieu avec les autres ;

- prend soin, défend la cause de son église, de Christ et des serviteurs de Dieu ;

- n'a pas honte ou peur de servir Jésus-Christ car Jésus-Christ est son compagnon ;

- contribue à l'avancement de l'œuvre du Seigneur ;

- est fidèle dans les dîmes et les offrandes ;

- rassemble : quand il y a la division ou les mésententes dans son Eglise ;

- est attentive aux problèmes de son église et qui participe aux réunions de son église si les conditions sont favorables pour elle à la maison ;

- est proche de la femme de son pasteur pour la bonne cause du ministère ;

- rend propre son Eglise et qui n'est pas indifférente au programme de l'église ;
- est très simple avec son église.

D. DEVOIRS CITOYENS (Mt. 11:28 ; Rom. 12 : 20 ; Mt. 5 :43-44 ; Mt. 5 :13-14)

La femme vertueuse est une citoyenne d'un pays en qui l'on voit l'image de Jésus.

I. Devoirs envers son pays

La femme vertueuse est une femme qui :
- intercède pour son pays ;
- rend propre son entourage et son pays ;
- est attentive aux problèmes de son environnement et de son pays ;
- communique avec son entourage ;
- assiste les autres et est sensible aux problèmes des autres, par exemple :

- rendre visite aux sœurs, aux enfants abandonnés dans les centres d'orphelinat ;
- rendre visite aux veuves, aux veufs, aux orphelins, aux malades, aux prisonniers et prier avec eux.

- est courageuse ; battante ; qui sait écouter les autres ;
- est juste, équitable avec l'appui du très haut ; est pleine de ressources pour les autres ;
- donne à manger même à ses ennemis ;
- prête à tout, que ce soit dans les bons moments comme dans les mauvais moments, rien ne la surprend avec l'assistance du tout-puissant car elle ne fait rien d'elle-même ;
- accepte l'autre ; généreuse ; qui sait gérer ses sentiments ;
- console celles qui ont le cœur brisé ;

- n'a peur de rien dans la vie, car Christ est son compagnon. - est une femme à qui l'on ne reproche rien, car elle est le sel et la lumière de son Eglise, de son foyer et de son entourage ;
- qui est plein d'autorité et de puissance dans le Seigneur Jésus ;
- a la foi en Dieu, elle doit résister aux tentations du diable, elle doit compter sur le Seigneur ;
- pardonne tout, bénit les autres, est patiente, est douce, traite bien ses domestiques, sait gérer sa colère, parle moins vite devant les situations difficiles, garde son calme, garde le silence devant ce qui la dépasse, est ouverte, transparente, dynamique, accueillante, qui espère toujours en Dieu.

II. Devoirs envers son environnement

La femme vertueuse est une voisine, une collègue qui :

- respecte à ses voisines et à ses collègues ;
- procure la paix, la joie et l'amour autour d'elle ;
- rassemble lorsqu'il il y a la division ou les mésententes dans son pays ;
- défend la cause de son environnement et de son pays ;
- défend la cause de Christ, la cause de l'Eglise, des serviteurs de Dieu, de son mari, de ses enfants, et de son pays ;

E. MODELE DE FEMMES VERTUEUSES (Mt. 7 : 21-23)

Il y a des femmes qui ne marchent pas en sincère communion avec le Christ. Elles n'ont pas donné la place à DIEU dans leur cœur, dans leur foyer, dans leurs activités. Dieu ne fait pas parti de leurs projets. Elles ignorent Dieu, elles comptent sur eux-mêmes, elles croient en leurs capacités, en leur argent, en leurs bijoux, en leurs pagnes, en leurs beautés, en leur diplômes, en leur force, en leur belle voiture, en leur belle maison, en leur belle moto, en leur beau jardin, leur belle piscine, en leurs enfants... La conséquence pour elles, est qu'elles vont être surprises par les évènements de la vie. La parole de Dieu nous dit dans le livre de Jérémie « Malheur à l'homme qui se confie dans l'homme » Jr. 17:5.

Si tu aimes DIEU donne-lui la place dans tes projets, la première place pour gérer ; fais confiance à DIEU, il ne te volera rien, il ne prendra rien de ce qui t'appartient ; plutôt avec

DIEU c'est l'Assurance, avec DIEU tu feras plus d'exploite, avec DIEU tu ne craindras rien. Dieu est celui qui bénit, qui change les situations de ses enfants. C'est Dieu qui élève ses bien-aimées, DIEU fait prospérer leurs affaires, leurs projets, leur travail, leurs commerces, leurs voyages et le voyage de leurs ses enfants.

La femme vertueuse doit être comme les mamans suivantes :

- Maman Esther (Est 4 :15 ; 16)
- Maman Déborah (Jg 4 :10 ;14)
- Maman Dorcas (Ac 9:36)
- Maman Abigaïl (1S 25.14 ; 18 ; 32 ; 35)
- Maman Rebecca (Gn 24 :61)
- Maman Elisabeth (Lc 1 :41)
- Maman Marie de Magdala (J. 20 :18)
- Maman Marthe (J. 11 :20)

- Maman Marie mère de Jésus (Lc 1 :38)
- Maman Ruth (Rt 1 :16 ;17)
- Maman Anne (1S. 1 :9-18)

CONCLUSION

La femme vertueuse manifeste de la vertu. La femme vertueuse qu'elle soit fonctionnaire ou pas a du travail et même beaucoup de travail, dans son foyer, dans sa famille, dans son église, dans son pays qu'elle doit porter vers Dieu. La femme vertueuse n'est pas celle-là qui dort toute la journée, qui mange et boit sans se soucier de l'œuvre de son Dieu, des problèmes de sa famille, de son pays, des problèmes que l'Afrique traverse, que les noirs traversent, que les blancs traversent. Car le manger et le boire ne peuvent pas hériter le ciel. Elle doit toujours lutter dans la prière pour que tout lui soit favorable. C'est une femme exceptionnelle, merveilleuse, admirable, unique, remarquable. Bref, c'est une femme idéale aux accents et aux qualités de la vertu personnifiée.

REPRENDS LE GOÛT DE LA VIE CAR C'EST ENCORE POSSIBLE (SUIVI DE MON TEMOIGNAGE)

MON TEMOIGNAGE

Quand nous vous parlons de l'assistance de CHRIST, c'est réel, CHRIST a été avec moi dans les bons et les mauvais moments. DIEU n'abandonne pas ses enfants, il est présent avec nous dans tous les problèmes et les difficultés que nous traversons.

Je me rappelle que dans mon enfance je tombais souvent malade et chaque fois, le Seigneur intervenait pour me guérir. Je trouvais toujours la guérison, DIEU me touchait par sa main puissante. Aujourd'hui encore, DIEU est avec nous, il nous écoute quand nous l'invoquons, quand nous le prions, quand nous tournons nos regards vers lui.

Chant

Viens à Jésus. Il t'appelle

Il t'appelle aujourd'hui

Trop longtemps tu fus rebelle :

Aujourd'hui, viens à lui.

Jésus t'aime, Jésus t'aime

Jésus t'aime aujourd'hui,

Malgré ta misère extrême,

Aujourd'hui, viens à lui.

Il pardonne, il pardonne,

Il pardonne aujourd'hui.

Reçois le salut qu'il donne :

Aujourd'hui viens à lui

Il efface, il efface tes péchés

Aujourd'hui. Ce jour est un jour

De grâce ; aujourd'hui viens à lui

Dieu m'a fait reprendre le goût de la vie. J'avais perdu le goût de la vie, j'avais perdu tout espoir, j'avais même demandé à DIEU de m'ôter la vie, je me voyais inutile, ma vie n'avait plus de sens et le découragement m'avait gagné. DIEU est fidèle, il n'a pas changé, lui qui a été hier avec nos pères dans la foi, est là avec nous encore aujourd'hui. J'ai invoqué DIEU et il m'a répondu, il m'a entendu dans mes supplications. DIEU guérit encore aujourd'hui, il guérit toutes formes de maladies, il guérit toutes sortes d'infirmité. Es-tu malade, et ne possèdes-tu pas de solution ? Ne sais-tu pas quoi faire, ne sais-tu pas à qui te confier, je te rassure mon frère, ma sœur, viens à Christ avec foi et tu seras guéri, tu auras ce que tu désires.

Moi j'ai été malade pendant plusieurs années. Les médecins mêmes ne pouvaient plus, ou ne savaient quels traitements me donner. C'était devenu un grand souci pour moi et pour mes proches. DIEU qui guérit toute maladie et toute infirmité m'a guérie. Quand je lui ai fait confiance, et il est venu à mon aide avec sa main puissante. Oui DIEU m'a guérie et m'a sortie de mon infirmité. Ce que ne peuvent faire les hommes, ce qui est au-delà de la force humaine et de l'entendement de l'homme, l'ETERNELle fait. Voilà ce qui fait la force de DIEU, c'est ce qui le rend grand. C'est là même la nature de DIEU, faire ce qui est au-delà de la force humaine. Je suis fière de DIEU, de ses décisions, il agit toujours au moment opportun. Il sait quand tu auras besoin de cette guérison, quand te décharger de ton fardeau. DIEU nous connait très bien, Il sait ce qui est bon pour nous, et il n'hésite pas avant d'agir.

Dans certains cas, DIEU peut nous mettre à l'épreuve, pour la gloire de son nom. Si certains sont malades c'est parce que le seigneur veut manifester sa puissance. Ce n'est pas que DIEU cherche notre mal peut-être c'est pour une mission, ou le jour de ta guérison que quelqu'un qui était avec toi voit comment DIEU se manifeste encore aujourd'hui. DIEU agit encore dans la vie de ses enfants, parmi son peuple pour donner gloire à son nom.

LES SERVITEURS DE DIEU QUI ONT REPRIS LE GOÛT DE LA VIE

Job (Jb 1:1-22)

JOB menait une vie tranquille avec sa famille et ses serviteurs. JOB aimait DIEU et faisait tout pour plaire au Seigneur. JOB observait et mettait en pratique les recommandations de DIEU. JOB était un bon travailleur, très organisé, un homme plein de courage et de foi. Sa famille ne manquait de rien ni ses serviteurs et ses amis. Celui qui entrait dans la maison de JOB mangeait et buvait avant de ressortir.

JOB était chez lui avec sa femme, ses enfants, quand l'ennemi, Satan s'est levé contre lui. Satan dit à DIEU que si JOB le servait, c'était parce qu'il avait rendu JOB heureux, qu'il l'avait béni.

JOB avait compris qu'il était enfant de DIEU, un héritier de DIEU, JOB était un élu parmi ses frères pour accomplir les desseins de DIEU sur la terre.

Toi aussi DIEU t'a choisi parmi tes frères et sœurs pour accomplir son dessein, dans ta famille, dans ton pays, dans ton lieu de travail, dans ce monde.

DIEU a fait de toi son enfant, son héritier pour prendre soin de toi et de ta maison et pour te rendre heureux sur la terre des hommes. Le plan de DIEU sur ta vie est que tu sois en paix avec toi-même, avec tes proches, tes voisins et tes amis. Mais il se peut qu'un jour Satan s'élève contre toi.

Satan peut aller voir DIEU et lui dire que c'est parce que DIEU t'a béni, qu'il prend soin de toi que tu dis que tu l'aimes. Satan te fera la même chose qu'il a faite à JOB. DIEU aimait JOB. JOB aimait aussi DIEU et Satan a été jaloux de l'amour que DIEU portait à JOB. Sache que Satan est jaloux de toi pour l'amour que DIEU te porte.

Dans le cas de JOB, JOB a tenu ferme et a supporté tout ce qui lui est arrivé, parce qu'il savait que DIEU ne pouvait le laisser tomber. Quel que soit le problème, le fardeau, la douleur ou la détresse, toi demeure ferme dans le Seigneur. Ne te détourne ni à droite ni à gauche, car ton DIEU est avec toi. **De. 28:14 ; Pr. 4:27**

Dans la souffrance de JOB, sa femme n'a pas été un grand soutien pour lui. Au lieu que sa présence soit un réconfort pour son mari, ça a été le contraire. Ce n'est pas seulement dans le bonheur qu'on doit se soutenir. Dans les problèmes et les difficultés, nous devons toujours soutenir celui ou celle qui est dans la détresse avec nos bonnes paroles, des paroles qui réconfortent, des paroles qui remontent le moral, des paroles qui encouragent, avec notre prière et notre intercession.

Celui qui traverse des moments difficiles a besoin d'être soutenu. Les amis de JOB l'ont méprisé, l'ont accusé, l'ont laissé tomber par leurs mots méchants. Toi aussi ta femme ou ton mari peut te laisser tomber dans les moments difficiles. Par son comportement, par les actes qu'elle/il pose, par son langage, par ses manières de faire. Toi ne baisse pas les bras, ne te laisse pas emporter par la colère pour faire du mal. Ne laisse pas le découragement gagner ton cœur pour que tu perdes le goût de la vie.

Généralement, les choses qui font qu'on perd le goût de vivre sont par exemple : "*c'est parce que tel m'a déçu*", "*tel m'a laissé tomber au moment où j'avais plus besoin de lui*". Tes amis peuvent t'abandonner à tout moment, surtout quand tu traverses les temps sombres de la vie. Tu dois savoir que tout ceci fait partie de la vie. Ce que tu dois faire, c'est d'avoir pour ami DIEU, DIEU lui n'abandonne jamais ses élus et ses héritiers. **Es. 49:14-15.**

DIEU n'a pas abandonné JOB pendant les moments difficiles. JOB avait perdu ses enfants, ses biens, sa santé ; il avait tout perdu, même sa renommée, il n'était plus important aux yeux des gens. Et même sa femme lui a demandé de maudire DIEU et de mourir. Comment un homme peut maudire DIEU, son créateur, son sauveur. Même dans la grande douleur, JOB n'a pas maudit DIEU. La femme de JOB était insensée, elle a pensé qu'on aime DIEU uniquement dans le bonheur.

Si c'est toi qui perdais tout aujourd'hui qu'allais-tu dire à DIEU ? Pourrais-tu rester ferme dans le Seigneur comme l'a fait JOB, où devais-tu écouter les conseils de ta femme ou de ton mari et de tes amis pour maudire DIEU et mourir, ou devais-tu te détourner de la voie de DIEU et servir autre chose. DIEU est fidèle à ses promesses, DIEU a dit qu'il est avec nous dans les bons et les mauvais moments jusqu'à la fin du monde. **Mt. 28:20**.

DIEU a été avec JOB jusqu'à la fin de son épreuve, de ses souffrances et de ses douleurs. DIEU a rétabli JOB dans son premier état, DIEU a relevé son serviteur qu'il aimait tant en le guérissant de sa maladie. DIEU a ramené la santé, la joie, la paix, dans la vie et dans la maison de JOB. **Jb 42:10-17**.

Qu'est-ce que DIEU ne peut pas faire, ou y-a-t-il quelque chose qui soit étonnant de la part de DIEU ? **Ge. 18:14.** DIEU a été bon pour son ami Job. **Rom 8:31.** Tous ceux qui ont pensé que c'était fini pour JOB, DIEU leur a prouvé le contraire. Tous ceux qui pensent que c'est fini pour toi, DIEU va leur prouver le contraire, toi demeure en DIEU, met sa parole en pratique, sois fidèle à ton Seigneur en toute chose. DIEU va te relever parce que tu es son enfant, tu es son élu, tu es son héritier, tu es son messager, tu es son serviteur. JOB a repris le goût de la vie avec DIEU et DIEU l'a béni. JOB a intercédé pour ses amis, parce que DIEU a été mécontent de leur comportement vis-à-vis de leur ami. **Jb 42:7-10.**

Toi qui te comporte mal envers les enfants de DIEU, envers les serviteurs de DIEU, par tes propos, tes moqueries, ton jugement fais attention à toi. **Mt 7:1-6**. Qui es-tu, toi qui juges le serviteur de DIEU. **Rom 14:4.** Pourquoi juges-tu ton frère ou ta sœur ? Pourquoi méprises-tu ton frère ou ta sœur ? **Rom 14:10-12 ; Jc. 4:11-12.** DIEU est le plus grand, il est souverain et il est le seul qui a le droit de juger l'homme.

Tu rendras compte à DIEU pour toi-même. Toi qui juges, toi qui méprises les enfants de DIEU, les serviteurs de DIEU, sache que la colère de DIEU va descendre sur toi. MARIE et AARON parlèrent contre Moïse et l'Eternel frappa MARIE de la lèpre. Il a fallu l'intervention de MOÏSE qui cria à l'Eternel en disant : Oh DIEU je te prie, guéris-la. Si c'est ça toi aussi ta vie, commence à demander pardon à DIEU, il te fera grâce. Si tu reconnais ta faiblesse devant DIEU et si tu confesses de tout ton cœur, le Seigneur te pardonnera. **Da. 9:9.**

Toi qui te retrouve malade, toi qui as tout perdu, ne perds pas le goût de vivre, mais garde la foi en DIEU. Lui qui a rétabli JOB n'est-il pas le même ? Il peut et veut te guérir, il peut et veut te relever, ait confiance en lui. **Ps. 37:23-28.** Job a été patient dans l'épreuve. **Jc. 5:11.**

On dit souvent que la patience est un chemin d'or. Celui qui est patient dans l'épreuve, celui qui est docile mangera les meilleurs fruits. **Rom 12:12 ; Nb. 12:3.**

Joseph (Gn 37:18-36)

JOSEPH vivait avec ses frères sans savoir qu'un jour il pouvait avoir un différend avec eux. JOSEPH était un enfant aimé de son père, un enfant choyé par son père et les frères observaient chaque fois, jusqu'au jour où Joseph eut un songe et il dit cela à sa famille. Cela a encore suscité la jalousie et l'envie dans le cœur des frères qui méditèrent le mal contre lui. Ici ce n'est plus le diable, mais ce sont les frères de la famille de JOSEPH qui complotèrent de le faire mourir. **Ps. 50:20 ; Ps. 59:2-5.**

L'envie amène au complot, à la haine, au meurtre, au mensonge. Comment cela est-il possible que les enfants d'un même père puissent en arriver là, c'est-à-dire vouloir faire mourir leur frère. Oui, cela est possible, dans ce monde plein de haine. Comment JOSEPH devait regarder ses frères qui se jetèrent sur lui, pour en finir avec le faiseur de songes. JOSEPH a réuni ses forces pour ne pas perdre courage face aux agissements de ses frères. Il savait que DIEU avait un plan pour sa vie, il fallait rester fort, avoir la tête haute pour que le dessein de DIEU s'accomplisse dans sa vie.

Mets-toi à la place de Joseph, comment allais-tu te comporter envers tes frères. Ca ne devait pas être facile pour Joseph, mais il ne pouvait rien contre la décision de ses frères. Il était dans l'obligation de se soumettre aux projets de ses frères. Pour eux, ils pensèrent avoir eu le dessus, ils pensaient avoir gagné, avoir réussi à leur plan. Mais ils ne pouvaient savoir qu'ils étaient en train d'accomplir plutôt le plan de DIEU. DIEU avait un plan pour la famille de JACOB. DIEU voulait sauver JACOB et sa maison de la famine, mais il fallait que quelqu'un paie le prix. Et c'était par Joseph que DIEU passerait pour sauver la maison de JACOB. JOSEPH était la source de bénédiction pour sa maison, son père, sa mère et ses frères.

Tu es certainement une source de bénédiction pour ta famille, ta maison, ton Eglise, ton pays ou pour ton village, ton quartier, ou pour l'humanité.Mais il faut savoir qu'il y a un prix à payer. Joseph a été vendu par ses frères. Ils ont pensé avoir fini avec le faiseur de songe. Tes frères ou tes sœurs peuvent penser avoir fini avec toi, mais sache que le dernier mot appartient à DIEU. Si DIEU n'a pas fini avec toi, que peuvent les hommes.

Faut-il baisser les bras ou faut-il continuer le combat ? Il faut continuer à garder la foi en DIEU pour ne pas permettre au découragement de gagner ta vie. Mets-toi en prière, cherche la face de DIEU pour entendre sa voix, laisse DIEU te parler. Tout homme sur cette terre est utile, même en prison Joseph a été utile, parce que la grâce de DIEU l'accompagnait.

Sache que tu es un élu de DIEU et accepte ce que tu vis, ou traverse pour que le dessein de DIEU vienne sur ta vie. Tu ne vas pas demeurer dans ta situation toute ta vie et tu ne vas non plus mourir dedans. Comme nous dit la Bible, il y a un temps pour toute chose. **Ec. 3:13-14.**JOSEPH a gardé le silence devant DIEU et il fut élevé par la main triomphante de DIEU en Egypte. **Ec. 4:13-14.** La famille de Joseph a été sauvée de la famine grâce à lui. Pour eux, ils ont fait le mal, mais voilà DIEU qui est souverain a transformé le mal en bien. **Ge. 50:20-21**.

Peut-être toi aussi tu es entrain de traverser la même situation que JOSEPH. Ne perds pas courage, ton DIEU est au contrôle, toi prie, cherche constamment la face de DIEU et garde la foi. DIEU se souviendra de toi et il te fera sortir de ses souffrances. DIEU ouvrira une porte de bénédiction devant toi. Et tu reprendras le goût de la vie et tu aideras ta famille, tes frères, ton pays et ils expérimenteront la gloire de DIEU avec toi.

JOSEPH a retrouvé ses frères qui l'avaient vendu et son père. JOSEPH les a acceptés et leur a pardonné. Il faut pardonner à ceux qui pensent te faire le mal, accepte-les, reçois-les dans ta maison, donne-leur à manger et à boire. Ainsi tu reflèteras l'image de Christ. On dira de toi que tu as le cœur de DIEU. Sauf celui qui voit, qui pense, qui comprend comme DIEU peut faire cela. DIEU nous demande de nous aimer les uns les autres.

La veuve d'un des fils des prophètes (2R. 4:1)

Nous allons parler de l'une des femmes d'entre les femmes des fils des prophètes. Cette femme a perdu son mari, son espoir. Nous savons le rôle que les hommes jouent dans les maisons. La plupart du temps et surtout à cette époque, c'est l'homme qui faisait tout, c'est lui qui achetait les vivres, c'est lui qui payait les factures, c'est lui qui s'occupait de la santé de la famille, de l'éducation des enfants...

Un jour cet homme meurt : qui va faire vivre la maison, qui va faire fonctionner la famille, qui va apporter la vie dans le foyer, qui va amener la joie. Et cela ne s'arrête pas là, il se fait que cet homme avait des dettes dans le village. Il va falloir payer les dettes de son mari.

Cette femme devrait non seulement nourrir ses enfants mais aussi payer le créancier. Un jour le créancier était venu vers la femme pour réclamer son argent, mais comme la femme n'en avait pas, il dit :"*si tu ne peux pas payer, je vais faire de tes enfants mes esclaves. Ils vont travailler pour moi, désormais ils seront à mon service*".

Quel choc dans le cœur de la femme d'entendre ses propos. Son mari vient de mourir et on veut lui ôter aussi ses enfants.

Quelle triste situation ! Elle a commencé à réfléchir pour trouver une solution. Comment faire pour sortir de ce problème ? J'imagine qu'elle ne pouvait pas dormir, ni mangé ou avoir la joie. Elle devait être dégoûtée de la vie. Elle ne pouvait pas comprendre pourquoi c'est à elle que cela arrivait. Mais elle ne baissa pas les bras. Elle s'est rappelé qu'il y avait un homme de DIEU dans le milieu. Elle s'est dirigée vers l'homme de DIEU, elle a exposé son problème. L'homme de DIEU lui a dit :"*va demander à tes voisins des vases vides, demande en grand nombre et rentre dans la chambre avec tes fils et ferme la porte*". Elle fit à la lettre comme le lui avait dit l'homme de DIEU. Elle versa l'huile dans des vases jusqu'à ce qu'il n'y en avait plus.

Elle retourna voir l'homme de DIEU qui lui dit : "*va vendre et paie tes dettes*". Alléluia,

Alléluia qu'est-ce que DIEU ne peut pas faire à travers la bouche de ses serviteurs. DIEU le fait encore aujourd'hui à travers la bouche de ses serviteurs. Elle est rentrée chez elle vendre l'huile et payer sa dette. Je suis sûre que le créancier serait surpris de voir la veuve compter l'argent pour payer la dette. Elle a pu sauver ses enfants, grâce à la parole de l'homme de DIEU qu'elle a mise en pratique. Désormais c'est elle qui fournirait la marchandise dans le village. Elle était devenue productrice de l'huile dans son milieu. Elle était devenue une femme d'affaires.

Ainsi, DIEU changea la situation de cette femme. Désormais elle était une femme respectée dans son environnement, dans son quartier, dans son église, dans son pays. Les gens devaient venir emprunter chez elle, les gens devaient venir manger chez elle, les gens devaient venir lui tenir compagnie, les gens devaient rendre service à elle et à ses enfants.

Oui ! DIEU est bon, DIEU a été bon pour cette veuve, DIEU a essuyé les larmes de cette femme. DIEU l'a relevé et l'a fait asseoir avec les grands. Oui c'est DIEU qui peut faire ces choses. Seul le Tout-puissant, le Souverain peut étonner ton entourage et les gens de ta famille.

Le secours vient de l'Eternel. DIEU fait les choses au-delà de nos attentes. Oui, c'est DIEU qui surprend l'homme. DIEU a surpris cette femme que l'on n'avait pas considérée. Elle avait désormais son mot à dire dans sa famille et dans la société.

Elle avait repris le goût de la vie, le goût de vivre en paix avec ses enfants. Désormais si on frappait à sa porte elle n'aurait plus peur, car

DIEU l'avait sortie de la dette, elle n'avait plus peur des créanciers, c'est vers elle que l'on venait désormais emprunter. Oui ! DIEU paie les dettes de ses enfants.

Je ne sais pour toi, si tu étais à la place de cette femme, allais-tu mettre ta foi à l'épreuve, allais-tu mettre la parole de l'homme de DIEU en exécution. Ou allais-tu dire :"*au lieu de me donner, ou me faire un chèque, pourquoi me donnes-tu tout ce travail, pourquoi me demandes-tu tant d'effort à fournir*".

Nous sommes plusieurs dans ce cas, criblés de dettes, des prêts par-ci par-là, nous achetons sans payer, on nous connaît dans ce pays comme devant à plusieurs.

Les créanciers nous poursuivent, nous sommes obligés de nous cacher, de fuir ou de changer de quartier, de maison, de pays. La vie devient plus dure pour nous de jour en jour. Nous ne savons où mettre la tête.

Pourquoi ces dettes ? Certaines sont comme cette femme qui avait perdu son mari et n'avait plus de soutien de sa belle-famille, ni de ses parents. Elle devait se battre elle-même pour faire fonctionner sa maison. Elle devait prendre la place de chef de famille afin que sa famille puisse vivre. Peut-être elle ne travaillait pas, elle n'avait pas de métier en main, donc ça devenait difficile.

Certaines par contre veulent vivre au-delà de leurs moyens. Etre égale à leur voisin, à leur sœur alors qu'elles n'ont pas les mêmes moyens.

De ce fait ils/elles sont dans l'obligation de tout acheter à crédit : les beaux pagnes coûteux, les bazins riches, etc. Nous devons faire très attention de vouloir être comme autrui. En vivant ainsi, nous risquons beaucoup pour notre vie et notre épanouissement. On peut mener une belle vie avec nos petits moyens, sans chercher à être comme l'autre. Tu sais ce que tu gagnes, ou ce que ton mari te donne. C'est avec ce que tu as dans la main que tu feras ton programme du mois ou de la semaine. Et à la fin du mois ou de la semaine, tu verras ce qui reste et avec ça tu peux épargner à chaque fois, mais surtout après les dépenses familiales. **Prov 13:11.**

Dans la vie, il faut être sage et avoir DIEU comme conseiller, et il dirigera tes pas pour une vie meilleure. DIEU est le meilleur gestionnaire et ne se trompe jamais. Si tu as pour ami DIEU il fera tout pour que tu ne te trompes pas.

ELIE le prophète (1R 19:3)

DIEU était avec ELIE, serviteur de DIEU. Il recevait les messages et les transmettait au peuple de DIEU. DIEU passait par lui pour faire des prodiges et des miracles. ELIE était dans le travail de DIEU paisiblement, tranquille dans la mission, son souci était comment faire avancer l'œuvre du Seigneur. Il était content et ne cherchait qu'à plaire à DIEU, à marcher selon les préceptes de son Seigneur et seul maître. Le Prophète ELIE ne s'inquiétait de rien, son désir était de recevoir à chaque fois les messages de son maître et de les transmettre au peuple de DIEU, afin que le peuple marche dans la voie et dans la crainte de DIEU. Mais un jour ELIE eut la plus grande frayeur de toute sa vie. Du grand

Prophète qu'était ELIE, qui ordonnait, qui parlait, qui priait et qui accomplissait de grandes choses ; cet homme de qui les gens recevaient et voyaient ce que DIEU est capable de faire à travers son serviteur fut effrayé de tout son cœur.

Voyons ce que peut engendrer la peur dans la vie de l'homme. La peur peut basculer la vie, chambouler un être. La peur peut faire d'une personne son esclave, la peur peut faire perdre à l'homme le contrôle de tout, la peur peut faire d'une personne un impuissant.

La peur peut faire battre le cœur, la peur peut faire perdre le sommeil, la peur peut faire perdre la confiance en DIEU. La peur peut empêcher de jouir des promesses de DIEU. La peur peut conduire dans le doute. Il m'est arrivé d'avoir si peur dans ma vie, une terrible peur que je ne saurai décrire. J'ai passé un long moment à paniquer, j'avais le cœur qui battait, même mon médecin ne comprenait pas la cause. Mais mon DIEU qui comprend tout, m'a sortie de là. Oui seul DIEU est capable de te libérer. Mon père a souffert de cette peur. Il avait peur pendant la nuit. Il ne pouvait pas dormir seul au lit, il fallait qu'il ait ma mère à côté de lui. Quand ma mère me racontait cette histoire, je me disais comment un homme (sexe masculin) aussi pouvait avoir peur, je pensais que c'était uniquement les femmes qui avaient peur. C'est quand je suis passé par là que j'ai finalement compris que cet esprit n'épargne personne. Les jeunes ont peur de leur avenir et de leur réussite, les hommes ont peur de comment prendre soin de leur famille, les femmes ont peur de comment faire pour garder leur mari à côté d'elles. Les chrétiens ont peur de perdre leur foi en CHRIST, leur salut, leur communion, leur alliance avec DIEU. ELIE a eu peur de ce qui devait lui arriver, il devait perdre sa vie face à JEZABEL.

ELIE était obligé de fuir loin de la face de cette méchante femme qui tuait les prophètes de DIEU. ELIE a même oublié qu'il était un prophète de DIEU pour se tenir face à ce problème. Il trouva cela énorme, que cela était au-dessus de ses forces et que DIEU ne pouvait plus intervenir dans cette situation. Combien de fois DIEU n'est-il pas intervenu dans nos problèmes. Mais aujourd'hui, dans la situation que nous traversons nous préférons fuir, parce que nous nous disons que cela pèse plus que DIEU. DIEU ne peut pas nous sortir de là, de cette souffrance, de cette maladie, de ce problème ; ce doute nous amène loin, très loin de DIEU.

Si nous pouvons garder le calme au moment des difficultés, pour que notre esprit revoie ce que notre Seigneur nous a fait dans le passé, le bien qu'il nous donnait, on devait chercher à être tout près de Lui. ELIE qui a dit par la parole de DIEU qu'il ne pleuvrait pas pendant trois ans et demi, ce même ELIE qui a demandé au feu d'en haut de consumer l'holocauste, avait à un moment de sa vie eut peur. Qui pouvait imaginer voir Elie fuir à cause de la parole de JEZABEL. Il peut nous arriver à un moment de notre vie de fuir loin des regards, des gens, loin de notre ville, ou de notre pays à cause des problèmes que nous traversons. Oui c'est vrai qu'ELIE a fui loin de la face de JEZABEL, mais il n'a pas fui loin de DIEU. Est-ce qu'un homme peut fuir loin de la face de DIEU ? Non il est impossible pour un homme ou une femme de fuir loin de la face de DIEU. DIEU est souverain, c'est Lui le créateur de la terre et du ciel, tous sont à sa surveillance, rien ne peut lui échapper. Il a son œil partout et nous sommes sous sa surveillance. Le disciple de Jésus, Pierre, a eu peur et il a renié Christ. La peur peut te faire renier la puissance de DIEU. Ce même disciple a voulu marcher sur l'eau comme Christ, mais à cause de la peur et du doute il a commencé à s'enfoncer. La peur peut te faire perdre l'équilibre. Dans la vie, il nous arrive beaucoup de choses que nous allons accepter de supporter, parce que dans certaines situations nous n'avons pas le choix. Peut-être c'est une maladie, que les médecins ne peuvent pas traiter, tu es dans l'obligation de porter ce fardeau.

DIEU a permis qu'ANNE soit stérile pour qu'au moment venu qu'il glorifie son nom. Dans l'état de notre maman ANNE, elle n'a pas baissé les bras, elle priait tous les jours. Elle cherchait la face de DIEU constamment, elle savait que la situation dans laquelle elle était, seul son créateur avait la solution. Ce qu'elle espérait devait venir de l'ETERNEL. DIEU a mis la foi d'ANNE et toute sa vie à l'épreuve. Anne était une femme qui aimait DIEU, qui aimait aussi la prière. C'était une femme battante, courageuse, pleine d'espoir. La foi de notre maman était grande. Elle a insisté, persisté dans la prière jusqu'à obtenir ce qu'elle voulait auprès de DIEU. Elle s'était fixé un objectif et il fallait l'atteindre. Regardons bien dans l'épreuve d'ANNE. DIEU avait permis qu'elle soit stérile, mais elle ne s'est pas dit, "*oui c'est l'ETERNEL qui l'a voulu ainsi*".

Certains sont aussi dans le même cas que notre maman. Pour eux, c'est DIEU qui a voulu cette situation. Donc, ils ne vont plus demander à

Dieu de changer leur cas, ces gens préfèrent rester tels. DIEU veut voir en toi, ou il attend de toi quelque chose comme "la prière". Entre en communion avec DIEU, parle lui de ton problème, ce que tu vis, ce que tu traverses comme a fait notre maman ANNE.

L'aveugle de naissance (Jn 9:1-7)

L'exemple de celui qui est né aveugle et que Jésus avait guéri, ses disciples lui posèrent la question de savoir si c'est lui ou ses parents qui avaient péché, Jésus répondit que ce n'était ni lui, ni ses parents. Mais que cette situation était pour la gloire de DIEU. DIEU fait tout et il continue d'étonner le monde. **Jn 9**, **3**. Avant que l'aveugle ne recouvre la vue, notre Seigneur Jésus lui avait recommandé une seule chose :"*va à silo te laver*".

Nous avons besoin que Dieu nous guérisse et qu'il intervienne dans nos difficultés, mais est-ce que nous sommes attentifs à ce que DIEU nous dit de faire. Est-ce que nous sommes obéissants à la voix de DIEU. L'aveugle a obéi à la parole de JESUS, il est allé à silo se laver et voilà que le miracle est venu dans sa vie. Lui qui ne voyait pas avant, pouvait voir et il pouvait faire désormais beaucoup de choses. Il pouvait observer autour lui, on n'avait plus besoin de lui tenir la main et de le conduire où que ce soit. Nous aussi, nous devons reconnaître la voix de DIEU, recevoir cette parole qui nous est adressée, obéir et mettre cette parole en pratique. Celui qui observe la parole de DIEU entre dans la promesse faite aux héritiers. DIEU est plein de bonté, de compassion pour son peuple. DIEU opère des prodiges dans la vie de ses enfants.

Encouragement

Si tu penses que c'est fini pour toi et que tu ne "mérites pas de vivre", laisse-moi te dire que DIEU peut et veut te redonner le goût de vivre et le goût de la vie. Qu'as-tu perdu ?

- est-ce la santé ?
- est-ce les biens ?
- est-ce le travail ?
- est-ce ton mari ?
- est-ce ta femme ?
- est-ce tes enfants ?
- est-ce tes parents ?
- as-tu échoué dans les études ?
- penses-tu que tu ne peux plus te relever ?
- bref penses-tu que tout est perdu pour toi, qu'il n'y a plus d'espoir pour toi ?

Laisse-moi te dire que si tu as JESUS et que tu le connais, il va te relever. Mais si tu n'as pas JESUS, c'est l'occasion pour toi de venir à lui et il fera des choses merveilleuses pour toi. JESUS seul est capable de changer et de transformer ta vie et ta situation. Toi qui penses que DIEU t'a rejeté, détrompe-toi, DIEU ne rejette pas ses enfants. Si tu penses que tu as tout perdu, je te fais savoir que tu n'as pas perdu JESUS.

JÉSUS-CHRIST est là, il est là pour toi, il est là avec toi, il est là près de toi, il n'est pas loin de toi, il est là à tes côtés. Il a été avec ABRAHAM, il a été avec HÉNOC, il a été avec DAVID, il a été avec JOSEPH, il a été avec DANIEL et ses compagnons, il a été avec ISAAC, il a été avec JACOB, il a été avec Elisée, il a été avec ELIE, il a été avec Job, il a été avec MOÏSE. DIEU a été avec DEBORAH, il a été avec RUTH, il a été avec

ESTHER… Invoque-le, implore-le afin qu'il vienne dans ta vie et qu'il fasse quelque chose de grandiose pour toi comme il l'a fait dans la vie de ceux qui nous ont précédés dans la foi.

TABLE DES MATIERES

Printed by Books on Demand GmbH, Norderstedt / Germany